Aprender italiano
Texto paralelo
Fácil de leer | Fácil de escuchar
CURSO EN AUDIO n.º 3

Lectura fácil en italiano

www.polyglotplanet.ink

LECTURAS FÁCILES
ITALIANO CURSO EN AUDIO N.º 3

FÁCIL DE ESCUCHAR, FÁCIL DE LEER, FÁCIL DE APRENDER

Lo último en cursos de aprendizaje de idiomas.

¿Tiene nivel de principiante en italiano o necesita refrescar sus conocimientos del idioma? ¿Desea no solo hablar como un nativo, sino también entender perfectamente lo que le dicen? Bienvenido a Polyglot Planet. Le proporcionamos las herramientas **adecuadas**, la **energía** y la **motivación** para que **comprenda** y **hable italiano con soltura.**

Aprenda a **hablar italiano de manera casi instantánea** con nuestras "**Lecturas fáciles**" y grabaciones de **Audios fáciles**. **Sin** conocimientos previos de gramática ni de cómo se estructuran las frases, aprenderá a usar el **italiano cotidiano** de forma coherente y efectiva. ¡Y aún hay más!

Aprenderá también **vocabulario esencial, frases** y **conjugaciones** de forma estructurada, lo que le permitirá adquirir una **base sólida** que **no olvidará nunca.**

Con "**Lecturas fáciles y cursos con audios fáciles para aprender italiano**" dominará rápidamente las destrezas de comprensión y expresión oral necesarias para conversar con hablantes nativos. Nuestro tutor de audio le ayudará a perfeccionar su pronunciación, e incluso comprenderá la gramática sin necesidad de estudiarla con materiales aburridos. ¡**Hablará italiano** a los pocos minutos de haber empezado el curso!

Se proporcionan traducciones como guía, para facilitar la asociación de palabras, comparar estructuras de frases y aprender nuevo vocabulario. Nuestro material es **entretenido, actual** y está **diseñado para usted. Aprender italiano** puede ser **muy divertido**, solo tiene que comprar estos materiales ¡y podrá empezar a hablar inglés hoy mismo!

La colección incluye los siguientes títulos:

Aprender italiano
Texto paralelo
Fácil de escuchar - Fácil de leer
CURSO EN AUDIO n.º 1

Aprender italiano
Texto paralelo
Fácil de escuchar - Fácil de leer
CURSO EN AUDIO n.º 2

Aprender italiano
Texto paralelo
Fácil de escuchar - Fácil de leer
CURSO EN AUDIO n.º 3

Aprender italiano
Textos paralelos
(Bilingüe)
Historias sencillas

Aprender italiano II
Textos paralelos
Historias Bilingüe
(Nivel intermedio)

Aprender italiano III
Textos paralelos
Historias Bilingüe

Italiano comercial
Textos paralelos
Historias Cortas

Tabla de contenidos

TEXTO PARALELO

La Regina Elisabetta II– Il sovrano regnante d'Inghilterra più longevo
La reina Isabel II – La monarca reinante más duradera de Inglaterra

Tutti conoscono la regina Elisabetta II.
Todo el mundo conoce a la reina Isabel II.

Ella è probabilmente il volto più famoso del Regno Unito.
Es probablemente la cara más famosa de R.U.

È la regina amata in Inghilterra.
Es la querida reina de Inglaterra.

È famosa per essere parte della famiglia reale britannica.
Es famosa por ser parte de la familia real británica.

È famosa anche perché **regna in Gran Bretagna** da 60 anni che è il più lungo periodo di regno per un monarca britannico.
*También es famosa porque **ha estado reinando** Gran Bretaña durante 60 años,*

que es el periodo de tiempo más largo que cualquier monarca británico ha reinado.

Nel 1953, quando aveva solo 25 anni, la giovane e bella principessa divenne regina d'Inghilterra.
En 1953, cuando solo tenía 25 años, la preciosa joven princesa se convirtió en reina de Inglaterra.

Sebbene abbia mantenuto il titolo di regina per molti anni, **vive** nei castelli di Inghilterra e Scozia da ancora più anni.
*Aunque ha tenido el título de reina durante varios años, **ha estado viviendo** en castillos en Inglaterra y Escocia durante más de esto.*

Il palazzo più famoso si trova a Londra.
El palacio más famoso se ubica en Londres.

Il suo nome è: Buckingham Palace.
Su nombre es el Palacio de Buckingham.

È il luogo dove si può assistere alla famosa cerimonia del Cambio della Guardia.
Este es el lugar donde puedes observar la famosa ceremonia del cambio de los guardias.

Se si visita Londra, è questo un appuntamento da non perdere.
Si visitas Londres, esta es una cosa que todo el mundo debe hacer.

Le guardie reali hanno una lunga storia e **si esibiscono in marcia** da anni.
*Los guardias reales tienen una larga historia, y **han estado marchando** en exhibición durante varios años.*

Nei mesi estivi è possibile assistere al cambio della guardia ogni giorno ma nei mesi invernali più freddi, la cerimonia si svolge solamente ogni due giorni.
En los meses de verano, puedes observar el cambio de los guardias cada día, pero en los meses más fríos de invierno, la exhibición solo tiene lugar cada dos días.

Anche se Buckingham Palace è il più famoso palazzo reale, non è la residenza ufficiale della Regina.
Incluso aunque el Palacio de Buckingham es la casa real más famosa, esta no es la residencia oficial de la reina.

Ella trascorre la maggior parte del suo tempo nel Castello di Windsor che si trova nella città di Windsor, appena fuori Londra.
Pasa la mayoría de su tiempo en el Castillo

11

de Windsor, que se ubica en la ciudad de Windsor justo a las afueras de Londres.

Il Castello di Windsor ha una lunga storia e la famiglia reale britannica **vive** lì da quasi 1000 anni, il che lo rende il più antico castello abitato al mondo.

*El Castillo de Windsor tiene una larga historia, y la familia real británica **ha estado viviendo** ahí durante casi 1000 años, lo que lo hace el castillo ocupado más antiguo del mundo.*

Se non siete sicuri che la Regina sia lì al momento della vostra visita, prestate attenzione alla bandiera reale che sventola dalla torre principale del castello.

Si no estás seguro sobre si la reina está alojada allí en el momento en que lo visites o no, busca la bandera real ondeando desde el mástil del castillo.

Quando sventola, indica che la regina è lì per qualche motivo.

Cuando está ondeando, muestra que la reina está en el terreno.

Quindi, se siete fortunati, potreste anche intravederla da lontano.

Así que si tienes suerte, puede que incluso captes un destello de ella desde la distancia.

Ella **gira** il paese da molti anni.
Ha estado visitando el país durante muchos años.

Visita comuni cittadini e frequenta molti eventi speciali con gli altri membri della famiglia reale.
Visita a ciudadanos comunes y asiste a varios eventos especiales con otros miembros de la familia real.

Anche se molti nel Regno Unito sono contrari alla monarchia britannica, la Regina è ancora molto amata.
A pesar de que mucha gente en R.U. está en contra de la monarquía británica, la reina es aún muy popular.

Ma non è solo la regina ad essere amata.
Pero no es solo a la reina a quien quieren.

La Regina Elisabetta II ha quattro figli, il principe Andrea, il principe Edoardo, il principe Carlo e la principessa Anna.
La reina Isabel II tiene cuatro hijos, el príncipe Andrés, el príncipe Eduardo, el príncipe Carlos y la princesa Ana.

Anche i suoi figli sono famosi ma

probabilmente non quanto i figli del principe Carlo e i nipoti della Regina, il principe William e il principe Harry.

Sus hijos también son famosos, pero probablemente no tan famosos como los hijos del príncipe Carlos y los nietos de la reina, el príncipe Guillermo y el príncipe Harry.

Il principe William e il principe Harry piacciono molto alle giovani donne di tutto il mondo.

El príncipe Guillermo y el príncipe Harry son muy populares en todo el mundo entre las mujeres jóvenes.

Abbiamo visto crescere questi ragazzi e da bambini diventare adulti.

Hemos visto a estos jóvenes hombres crecer desde bebés hasta adultos.

Fin da quando erano adolescenti, le loro fan **seguono** questi bei rubacuori.

*Desde que eran jóvenes adolescentes, fans mujeres **han estado siguiendo** a estos guapos rompecorazones.*

Oggi il principe William è sposato con Kate Middleton e ha due figli, ma il principe Harry, che è un ragazzo alquanto festaiolo, è single.

Hoy, el príncipe Guillermo está casado con Kate Middleton y tiene dos hijos, pero el príncipe Harry, que es un poco juerguista, está soltero.

Sebbene famosi, William e Harry sono sempre stati abbastanza timidi evitando gli sguardi del pubblico, quando possibile.
Aunque famosos, Guillermo y Harry siempre han sido bastante tímidos y han evitado el ojo público cuando ha sido posible.

Per molti versi assomigliano molto alla loro madre, la principessa Diana.
En muchos aspectos, son muy parecidos a su madre, la princesa Diana.

Ella morì tragicamente in un incidente d'auto a Parigi nel 1996.
Murió trágicamente en un accidente de coche en París en 1996.

Da allora il mondo **è in lutto** per l'amata principessa, anche lei timida, proprio come i suoi figli.
*desde entonces, el mundo **ha estado llorando** a la popular princesa que también era tímida como sus hijos.*

La Principessa Diana era molto attiva in

opere di beneficenza e di raccolta fondi per molte buone cause.
La princesa Diana era muy activa en organizaciones benéficas y recaudando dinero para varias buenas causas.

Oggi i suoi figli **fanno** la stessa cosa.
*Hoy, sus hijos **hacen** lo mismo.*

Ogni anno si recano in alcune delle zone più povere del mondo dove **aiutano** gli enti di beneficenza preferiti dalla madre.
*Cada año, hacen viajes a algunas de las zonas más pobres del mundo donde **ayudan** en las organizaciones benéficas favoritas de su madre.*

Il principe William è secondo nella linea di successione al trono dopo suo padre, il principe Carlo.
El príncipe Guillermo es el segundo en la línea al trono después de su padre, el príncipe Carlos.

In un primo momento si credeva che il principe Carlo non volesse diventare re d'Inghilterra.
Al principio se creía que el príncipe Carlos no quería ser rey de Inglaterra.

Ci sono state molte voci secondo cui

avrebbe lasciato che il suo giovane figlio diventasse re al suo posto.
Habían muchos rumores de que quería dejar a su joven hijo ser rey por él.

Tuttavia negli ultimi tempi **prende parte** più frequentemente agli eventi reali.
*Sin embargo, últimamente **ha estado participando en** más eventos reales.*

Molti credono che questo sia il suo modo di prepararsi al prossimo ruolo importante, quello di re d'Inghilterra.
Muchas personas creen que esta es su forma de prepararse para su siguiente gran papel, el rey de Inglaterra.

La Regina **regna** da molti anni e poiché è ancora in forma e in buona salute, probabilmente continuerà per molti anni ancora.
*La reina **ha estado reinando** durante muchos años y debido a que aún está en forma y saludable, es probable que continúe durante unos pocos años más.*

Altri re e regine d'Europa più vecchi **hanno abdicato** a favore di re e regine più giovani, ma non c'è modo di fermare la regina più amata d'Inghilterra, la regina Elisabetta II.

*Otros reyes y reinas europeos más mayores **han cedido** su posición para dejar paso a que reyes y reinas más jóvenes reinen, pero no hay fin para la reina más querida de Inglaterra, la reina Isabel II.*

I cani amano Mozart
Los perros aman Mozart

Bobbi **viveva** in un rifugio per animali da 4 anni quando ricevette aiuto.
*Bobbi **había estando viviendo** en un refugio animal durante 4 años hasta que consiguió ayuda.*

Bobbi è un piccolo Bordier collie che è senza casa da alcuni anni.
Bobbi es un pequeño perro border collie que ha estado sin casa durante algunos años.

Vive con altri cani, tutti alla ricerca di nuovi proprietari.
Vive con otros perros, todos ellos están buscando nuevos dueños.

I cani amano le attenzioni umane.
Los perros aman la atención humana.

Hanno bisogno dell'amore di una famiglia umana.
Necesitan el amor de una familia humana.

19

Anche se la vita in un rifugio per animali non è male, a volte può anche essere molto stressante, soprattutto con così tanti cani in una stessa area.

A pesar de que la vida en un refugio animal no es mala, también puede ser muy estresante a veces, especialmente con tantos perros en una zona.

Bobbi e altri suoi amici cani **attraversavano** momenti difficili.

*Bobbi y sus otros amigos caninos **habían estado pasando** tiempos duros.*

Erano soli e a causa del poco spazio, gli animali erano infelici.

Estaban solos, y debido al pequeño espacio, los animales estaban infelices.

Ciò durò fino a quando un veterinario e psicologo degli animali pensò di aiutarli.

Esto fue hasta que un veterinario y un psicólogo de mascotas decidieron ayudar.

La Dr.ssa Pamela Fisher **lavorava** da molti anni nei rifugi per animali del paese quando decise che doveva aiutare di più.

*La doctora Pamela Fisher **había estado trabajando** en refugios animales por todo el país durante muchos años hasta que decidió que necesitaba ayudar más.*

Le venne l'idea di fare ascoltare musica ai cani.
Propuso la idea de poner música a los perros.

Studiava da un po' di tempo gli effetti della musica sugli animali e i risultati furono eccezionali.
Había estado estudiando *los efectos de la música en los animales durante algún tiempo, y los resultados fueron increíbles.*

La musica sembrava avere un effetto positivo.
La música parecía tener un efecto positivo.

Rilassa i cani.
Relaja a los perros.

Funziona perfino sui gatti.
Incluso funciona con los gatos.

E se avete un cane che abbaia molto, la musica sarà sicuramente d'aiuto.
Y si tienes un perro que ladra mucho, la música ayudará.

Il cane non abbaierà più tanto.
El perro no ladrará tanto.

Lavorava al progetto da 4 anni.
Había estado trabajando en el proyecto durante cuatro años.

Subito dopo aver terminato gli studi, mise a punto un progetto non-profit MP3 per salvare gli animali.
Tras finalizar sus estudios, rápidamente empezó un proyecto de MP3 sin ánimo de lucro para rescatar animales.

Chiese ai musicisti di tutto il mondo di collaborare.
Pidió ayuda a músicos de todo el mundo.

Ottenne molte risposte, grazie alle quali potè raccogliere una grande quantità di musica adatta a gatti e cani.
Obtuvo muchas respuestas, y como resultado fue capaz de recoger una gran cantidad de gatos y perros amigos de la música.

Le azioni dei musicisti davvero dimostrano che la maggior parte delle persone vogliono aiutare gli animali.
Las acciones de los músicos probaron que la mayoría de la gente realmente quiere ayudar a los animales.

Anche altri **collaboravano** al progetto.
*Otros **también habían estado ayudando** en el proyecto.*

Ora hanno più di 30 ore di canzoni e pezzi di musica classica.
Ahora tienen más de 30 horas de canciones y piezas clásicas.

C'è una varietà di musica, che comprende compositori classici come Beethoven, Chopin e Mozart.
Hay una variedad de música, que incluye compositores clásicos tales como Beethoven, Chopin y Mozart.

La raccolta comprende anche alcune delle filastrocche preferite dai bamibini come "I tre topini ciechi".
La colección incluso incluye algunas de las canciones infantiles favoritas tales como "Tres ratones ciegos".

Altri brani musicali includono musica per violino, pianoforte ed arpa che riproduce il suono dell'oceano.
Otras piezas musicales incluyen música de violines, pianos y arpas que suenan como el océano.

Ci sono anche alcuni generi di musica che non sono facilmente caratterizzabili.

También hay algunos tipos de música que no figuran.

Il genere rap e l'heavy metal innervosiscono i cani e li fanno diventare più aggressivi.
La música rap y el heavy metal hace que los perros se enfaden y sean más agresivos.

La Dr.ssa Fisher è così appassionata al progetto che offre musica gratis ai rifugi per animali.
La doctora Fisher está tan apasionada con su proyecto que ofrece la música a refugios animales gratis.

Ha dichiarato di **usare** da parecchi anni questa musica rilassante nella sua clinica veterinaria.
*Dijo que **había estado usando** esta música relajante en su propia clínica veterinaria durante bastantes años.*

Ciò lo ha fatto prima ancora di iniziarne a studiare gli effetti sugli animali.
Esto fue antes de que empezara a investigar los efectos de la música en los animales.

Una volta scoperto che davvero funzionava, volle aiutare gli altri animali nella comunità.

Cuando descubrió que realmente funcionaba, quiso ayudar a otros animales en la comunidad.

La musica non è l'unica medicina inusuale che dà ai suoi cani.
La música no es es la única medicina extraña que les da a sus perros.

Si serve anche di trattamenti di aromaterapia sugli animali per aiutarli a rilassarsi di più.
También usa tratamientos de aromaterapia en animales para ayudarles a relajarse más.

L'aromaterapia si pratica riscaldando oli essenziali o sfregando l'olio sulla pelle.
La aromaterapia funciona quemando aceites esenciales o frotando aceite en la piel.

La Dott.ssa **praticava** questa terapia di rilassamento su se stessa da qualche tempo, quando improvvisamente pensò che lo stesso trattamento avrebbe funzionato anche sui suoi animali.
***Había estado practicando** este tipo de relajación sobre sí misma durante algún tiempo cuando de repente pensó que el mismo tratamiento también funcionaría en*

25

sus animales.

Aveva ragione!
¡Tenía razón!

La Dott.ssa Fisher ha anche un assistente.
La doctora Fisher también ha tenido una ayudante.

Tina Gunther è una volontaria.
Tina Gunther es una voluntaria.

Sta facendo il tirocinio per diventare veterinario.
Se está formando para ser veterinaria.

Seguiva la Dott.ssa Fisher nella pratica.
Había estado siguiendo *a la doctora Fisher en su clínica.*

Stava capendo come fosse lavorare come veterinario.
Estaba aprendiendo sobre cómo era trabajar como veterinario.

Sostiene che la Dr.ssa Fisher sia una fonte d'ispirazione.
Asegura que la doctora Fisher es una inspiración.

Dice che è evidente che la Dott.ssa Fisher

ama gli animali.
Dice que está claro que la doctora Fisher ama a los animales.

Ritiene inoltre che la musica funzioni sugli animali.
También cree que la música funciona en los animales.

L'assistente della Dott.ssa Fisher continua parlando del clima nel Regno Unito.
La ayudante de la doctora Fisher sigue explicando el clima en R.U.

Ha riferito che pioveva da diverse settimane e c'era anche molto vento.
*Dijo que **había estado lloviendo** durante algunas semanas y que también había habido mucho viento.*

Le temperature erano scese ben sotto lo zero, il che ha effetti negativi sui cani.
Las temperaturas eran bien bajo cero, lo que afecta negativamente a los perros.

Il maltempo rende gli esseri umani depressi e rende tristi anche gli animali.
El mal tiempo hace que los humanos se depriman, y también hace que los animales se entristezcan más.

Durante il periodo di maltempo **avevano fatto ascoltare** agli animali musica più del solito.
*Durante este periodo de mal tiempo, **habían estado poniendo** la música a los animales más de lo normal.*

Il risultato era stato sorprendente.
El resultado fue increíble.

I cani non abbaiavano più da matti e anche i gatti erano felici.
Los perros ya no ladraban como locos y los gatos también estaban felices.

Una volta la signora Gunther provò ad accendere la radio ai cani per vedere cosa accadeva.
Una vez la señorita Gunther intentó poner la radio a los perros para ver que sucedería.

Andava in onda il notiziario e c'era molto rumore, agli animali non piaceva sentire gli alti volumi.
Las noticias empezaron y había muchos ruidos y gritos que a los animales no les gustaron.

Agitavano i cani, così la signora Gunther riprese subito a riprodurre gli MP3 con la musica rilassante.

Alteró a los perros, así que la señorita Gunther inmediatamente puso los MP3 con la música relajante de nuevo.

Quando sentirono la musica, gli animali si calmarono.
Cuando oyeron la música, los animales estuvieron bien.

La signora Gunther e suo marito **utilizzavano** questo metodo anche sui loro animali in casa da alcune settimane, quando iniziarono a notare il comportamento dei loro animali domestici.
*La señorita Gunther y su marido **también habían estado usando** esto con sus propios animales en casa durante algunas semanas cuando comenzaron a darse cuenta del comportamiento de sus mascotas.*

Gli animali reagirono bene.
Los animales reaccionaban bien.

Ora, vanno anche a sedersi vicino agli altoparlanti, in attesa che i loro genitori umani facciano partire la musica.
Ahora, incluso van y se sientan al lado de los altavoces, esperando a que sus padres humanos enciendan la música.

Salvare il mondo in via di estinsione- Una Missione dell'uomo
Salvar el nundo en desaparición – La misión de un hombre

Il Dr. Michael Fay e il suo team di ricercatori **avranno camminato** per un totale di 15 mesi, quando termineranno il loro lungo viaggio.
*El doctor Michael Fay y su equipo de investigadores **habrán estado andando** durante un total de 15 meses cuando terminen su largo viaje.*

Il Dr. Michael Fay è uno scienziato e ricercatore degli Stati Uniti.
El doctor Michael Fay es un científico e investigador de EE.UU.

È in viaggio con un piccolo gruppo di scienziati da tutto il mondo.
Está viajando con un pequeño grupo de científicos de todo el mundo.

Finora hanno viaggiato per due mesi, il che significa che hanno ancora almeno altri 13

mesi di cammino e di vita in luoghi selvaggi.
Hasta ahora, han estado viajando durante dos meses, lo que significa que aún les quedan al menos 13 meses más de andar y vivir en lo salvaje.

Sono un gruppo di persone in missione.
Son un grupo de personas en una misión.

Essi stanno documentando tutti gli animali selvatici nel bacino del Congo, nella foresta pluviale del Congo.
Están documentando toda la vida salvaje en la cuenca del Congo, el bosque del Congo.

Considerando che ci sono migliaia di specie differenti da registrare, non è affatto un lavoro facile.
Considerando que hay miles de especies diferentes que registrar, este no es trabajo fácil.

Avranno vissuto immersi nella natura per un lungo periodo di tempo, quando la loro spedizione terminerà.
Habrán estado viviendo *en lo salvaje durante un largo periodo de tiempo para cuando terminen su expedición.*

Non è da tutti.
Esto no es algo que cualquier persona

pueda hacer.

Ma il dottor Fay afferma che il loro lungo viaggio ha uno scopo.
Pero el doctor Fay dice que su largo viaje tiene un propósito.

Per molti anni ha parlato del mondo in via di estinsione.
Durante muchos años, ha hablado sobre el "mundo en desaparición".

L'idea di un mondo in via di estinsione potrebbe sembrare strana ma il Dr. Michael Fay lo spiega bene.
La idea de un mundo en desaparición puede parecerte extraña, pero el doctor Michael Fay la explica bien.

A causa degli esseri umani, le foreste pluviali del mondo continuano ad essere distrutte.
Por culpa de los humanos, los bosques del mundo están siendo destruidos.

Sebbene ciò stia accadendo poco a poco, le conseguenze delle nostre azioni sono molto evidenti.
Aunque esto está ocurriendo poco a poco, las consecuencias de nuestras acciones

son muy obvias.

Le persone stanno tagliando gli alberi delle foreste pluviali e questo ha un effetto negativo sull'ambiente.
La gente está talando los árboles de los bosques, y esto tiene un efecto negativo en el medio ambiente.

Gli habitat naturali degli animali continuano ad essere distrutti.
Los hábitats naturales de los animales están siendo destruidos.

Gli animali stanno morendo.
Los animales están muriendo.

Gli alberi e le piante stanno scomparendo.
Árboles y plantas están desapareciendo.

La terra è inondata dalle acque.
La tierra se está inundando.

Ci sono tanti diversi problemi legati alla deforestazione.
Hay demasiados problemas diferentes relacionados con la deforestación.

Gli ambientalisti stanno provando ad invertire la situazione.
Los ecologistas han estado intentando

33

revertir la situación.

Hanno fondato molte organizzazioni per cercare di aiutare a proteggere le foreste pluviali del mondo.
Han comenzado varias organizaciones para intentar ayudar a proteger los bosques del mundo.

La maggior parte di questi progetti coinvolge l'istruzione e l'insegnamento nelle scuole locali.
La mayoría de estos proyectos implican educación y enseñanza en escuelas locales.

Un'altra grande parte del progetto prevede di piantare nuovi alberi.
Otra gran parte del proyecto implica plantar árboles.

Ma non siamo in grado di piantare alberi al ritmo con cui vengono abbattuti.
Pero no podemos plantar suficientes árboles al ritmo que están siendo talados.

Gli esseri umani sono la causa principale del problema.
Los humanos son la principal causa del problema.

Anche se non ci sono molte persone che vivono nel bacino del Congo rispetto ad altri villaggi, paesi e città dell'Africa, molti sono ancora i danni arrecati.

A pesar de que no hay mucha gente viviendo en la cuenca del Congo en comparación con otras aldeas, pueblos y ciudades de África, aún se está haciendo mucho daño.

Gli ambientalisti come il dottor Fay stanno cercando di salvare le foreste.

Conservacionistas como el doctor Fay están intentando salvar los bosques.

Hanno iniziato a registrare tutte le piante, gli alberi e gli animali.

Han estado registrando todas las plantas, árboles y animales.

Fanno dei disegni e scrivono le descrizioni. Il loro scopo è dimostrare che stiamo lentamente uccidendo il mondo.

Están haciendo dibujos y escribiendo descripciones. Su objetivo es probar que estamos matando al mundo lentamente.

Quando questa ricerca finirà, Michael Fay e il suo team **avranno lavorato** su questo problema ambientale per anni.

Para cuando esta investigación termine, Michael Fay y su equipo **habrán estado trabajando** *en este problema medioambiental durante años.*

Infatti, entro marzo del prossimo anno **avranno studiato** gli effetti dell'attività umana per quasi dieci anni.
De hecho, para marzo del próximo año, **habrán estado investigando** *los efectos de la actividad humana durante casi diez años.*

Questo non è un problema nuovo; è all'ordine del giorno da lungo tempo.
Este no es un problema nuevo; ha estado en las noticias durante mucho tiempo.

Tuttavia il Dr Fay sente che pochi progressi sono stati fatti.
Sin embargo, el doctor Fay siente como si se hubiese hecho poco progreso.

"Non stiamo facendo abbastanza.
"No estamos haciendo suficiente.

I governi non stanno facendo abbastanza.
Los gobiernos no están haciendo suficiente.

Prima che ce ne rendiamo conto, non avremo più foreste pluviali.
Antes de que nos demos cuenta, no nos

quedarán bosques.

Solo allora il mondo realizzerà ciò che stiamo facendo.
Aquí es cuando el mundo finalmente se dará cuenta de lo que hemos estado haciendo.

Ma sarà troppo tardi. "
Pero será demasiado tarde".

Il bacino del Congo ospita una delle più grandi foreste pluviali del mondo.
La cuenca del Congo es uno de los mayores bosques del mundo.

Copre oltre 3,4 milioni di chilometri quadrati.
Cubre más de 3,4 millones de kilómetros cuadrados.

Il bacino del Congo si trova vicino al deserto del Sahara, questo è il motivo per cui è così caldo ed umido.
La cuenca del Congo se ubica junto al desierto del Sahara, que es por lo que es tan caliente y húmeda.

L'insieme di caldo, umido e bagnato proveniente dal deserto, i fiumi e i laghi lo rendono l'ambiente ideale affinchè prosperino le piante tropicali e gli animali

selvatici.
La mezcla del calor, la humedad y las aguas del desierto, ríos y lagos conforman el entorno perfecto para que las plantas tropicales y los animales salvajes se desarrollen.

Presenta un quarto di tutte le piante e specie di alberi del mondo e la metà degli animali dell'Africa.
Tiene un cuarto de las especies de plantas y árboles del mundo y la mitad de los animales de África.

Quando ritorneranno, essi saranno stanchi perché **avranno vissuto** immersi nella natura per quasi un anno e mezzo.
*Cuando vuelvan, estarán cansados porque **habrán estado viviendo** en lo salvaje durante casi un año y medio.*

Non molti scienziati e ricercatori sarebbero capaci di fare altrettanto.
No muchos científicos e investigadores harían esto.

Le condizioni sono difficili.
Las condiciones son difíciles.

Devono cacciare per procurarsi da mangiare.

Deben cazar su propia comida.

Non possono avere bagni adeguati.
No pueden darse buenas duchas.

Ci sono molti animali pericolosi.
Hay varios animales peligrosos.

E devono vivere in tende o dormire sotto le stelle.
Y deben vivir en tiendas o dormir bajo las estrellas.

Ci vuole un gruppo forte e adatto di persone per fare questi sacrifici.
Es necesario un grupo de personas fuerte y dedicado para hacer estos sacrificios.

Saresti in grado di rinunciare ad un anno della tua vita per fare delle ricerche su qualcosa che ti appassiona?
¿Serías capaz de dar un año de tu vida para investigar algo que te apasione?

AUDIO

AUDIOLIBRO

Ofrecemos opciones distintas para escuchar y descargar el audiolibro:

Transmisión por secuencias.
Haga clic en el vínculo y el reproductor de audio se abrirá en el explorador web. Para utilizar esta opción, el dispositivo debe estar conectado a Internet y admitir la transmisión por secuencias.

Descarga directa.
Descargue los archivos de audio directamente a su equipo.

http://wp.me/P6Y49F-6l

Envíenos un correo electrónico si tiene problemas al descargar su audiolibro o al utilizar la transmisión por secuencias, y buscaremos una manera diferente de hacérselo llegar:

polyglot@polyglotplanet.ink

Polyglot Planet

ITALIANO

La Regina Elisabetta II– Il sovrano regnante d'Inghilterra più longevo

Tutti conoscono la regina Elisabetta II. Ella è probabilmente il volto più famoso del Regno Unito. È la regina amata in Inghilterra. È famosa per essere parte della famiglia reale britannica. È famosa anche perché **regna in Gran Bretagna** da 60 anni che è il più lungo periodo di regno per un monarca britannico.

Nel 1953, quando aveva solo 25 anni, la giovane e bella principessa divenne regina d'Inghilterra. Sebbene abbia mantenuto il titolo di regina per molti anni, **vive** nei castelli di Inghilterra e Scozia da ancora più anni.

Il palazzo più famoso si trova a Londra. Il suo nome è: Buckingham Palace. È il luogo dove si può assistere alla famosa cerimonia del Cambio della Guardia. Se si visita Londra, è questo un appuntamento da non perdere. Le guardie reali hanno una lunga storia e **si esibiscono in marcia** da anni. Nei mesi estivi è possibile assistere al cambio della guardia ogni giorno ma nei mesi invernali più freddi, la cerimonia si svolge solamente ogni due giorni.

Anche se Buckingham Palace è il più famoso palazzo reale, non è la residenza ufficiale della Regina. Ella trascorre la maggior parte del suo tempo nel Castello di Windsor che si trova nella città di Windsor, appena fuori Londra. Il Castello di Windsor ha una lunga storia e la famiglia reale britannica **vive** lì da quasi 1000 anni, il che lo rende il più antico castello abitato al mondo. Se non siete sicuri che la Regina sia lì al momento della vostra visita, prestate attenzione alla bandiera reale che sventola dalla torre principale del castello. Quando sventola, indica che la regina è lì per qualche motivo. Quindi, se siete fortunati, potreste anche intravederla da lontano.

Ella **gira** il paese da molti anni. Visita comuni cittadini e frequenta molti eventi speciali con gli altri membri della famiglia reale. Anche se molti nel Regno Unito sono contrari alla monarchia britannica, la Regina è ancora molto amata.

Ma non è solo la regina ad essere amata. La Regina Elisabetta II ha quattro figli, il principe Andrea, il principe Edoardo, il principe Carlo e la principessa Anna. Anche i suoi figli sono famosi ma probabilmente non quanto i figli del principe Carlo e i nipoti della Regina, il principe William e il principe Harry.

Il principe William e il principe Harry piacciono molto alle giovani donne di tutto il mondo. Abbiamo visto crescere questi ragazzi e da bambini diventare adulti. Fin da quando erano adolescenti, le loro fan **seguono** questi bei rubacuori. Oggi il principe William è sposato con Kate Middleton e ha due figli, ma il principe Harry, che è un ragazzo alquanto festaiolo, è single.

Sebbene famosi, William e Harry sono sempre stati abbastanza timidi evitando gli sguardi del pubblico, quando possibile. Per molti versi assomigliano molto alla loro madre, la principessa Diana. Ella morì tragicamente in un incidente d'auto a Parigi nel 1996. Da allora il mondo **è in lutto** per l'amata principessa, anche lei timida, proprio come i suoi figli. La Principessa Diana era molto attiva in opere di beneficenza e di raccolta fondi per molte buone cause. Oggi i suoi figli **fanno** la stessa cosa. Ogni anno si recano in alcune delle zone più povere del mondo dove **aiutano** gli enti di beneficenza preferiti dalla madre.

Il principe William è secondo nella linea di successione al trono dopo suo padre, il principe Carlo. In un primo momento si credeva che il principe Carlo non volesse diventare re d'Inghilterra. Ci sono state molte voci secondo cui avrebbe lasciato che il suo giovane figlio diventasse re al suo posto. Tuttavia negli ultimi tempi **prende parte** più frequentemente agli eventi reali. Molti credono che questo sia il suo modo di prepararsi al prossimo ruolo importante, quello di re d'Inghilterra.

La Regina **regna** da molti anni e poiché è ancora in forma e in buona salute, probabilmente continuerà per molti anni ancora. Altri re e regine d'Europa più vecchi **hanno abdicato** a favore di re e regine più giovani, ma non c'è modo di fermare la regina più amata d'Inghilterra, la regina Elisabetta II.

I cani amano Mozart

Bobbi **viveva** in un rifugio per animali da 4 anni quando ricevette aiuto. Bobbi è un piccolo Bordier collie che è senza casa da alcuni anni. Vive con altri cani, tutti alla ricerca di nuovi proprietari. I cani amano le attenzioni umane. Hanno bisogno dell'amore di una famiglia umana. Anche se la vita in un rifugio per animali non è male, a volte può anche essere molto stressante, soprattutto con così tanti cani in una stessa area.

Bobbi e altri suoi amici cani **attraversavano** momenti difficili. Erano soli e a causa del poco spazio, gli animali erano infelici. Ciò durò fino a quando un veterinario e psicologo degli animali pensò di aiutarli. La Dr.ssa Pamela Fisher **lavorava** da molti anni nei rifugi per animali del paese quando decise che doveva aiutare di più. Le venne l'idea di fare ascoltare musica ai cani. **Studiava** da un po' di tempo gli effetti della musica sugli animali e i risultati furono eccezionali. La musica sembrava avere un effetto positivo.

Rilassa i cani. Funziona perfino sui gatti. E se avete un cane che abbaia molto, la musica sarà sicuramente d'aiuto. Il cane non abbaierà più tanto.

Lavorava al progetto da 4 anni. Subito dopo aver terminato gli studi, mise a punto un progetto non-profit MP3 per salvare gli animali. Chiese ai musicisti di tutto il mondo di collaborare. Ottenne molte risposte, grazie alle quali potè raccogliere una grande quantità di musica adatta a gatti e cani. Le azioni dei musicisti davvero dimostrano che la maggior parte delle persone vogliono aiutare gli animali.

Anche altri **collaboravano** al progetto. Ora hanno più di 30 ore di canzoni e pezzi di musica classica. C'è una varietà di musica, che comprende compositori classici come Beethoven, Chopin e Mozart. La raccolta comprende anche alcune delle filastrocche preferite dai bamibini come "I tre topini ciechi". Altri brani musicali includono musica per violino, pianoforte ed arpa che riproduce il suono dell'oceano. Ci sono anche alcuni generi di musica che non sono facilmente caratterizzabili. Il genere rap e l'heavy metal innervosiscono i cani e li fanno diventare più aggressivi.

La Dr.ssa Fisher è così appassionata al

progetto che offre musica gratis ai rifugi per animali. Ha dichiarato di **usare** da parecchi anni questa musica rilassante nella sua clinica veterinaria. Ciò lo ha fatto prima ancora di iniziarne a studiare gli effetti sugli animali. Una volta scoperto che davvero funzionava, volle aiutare gli altri animali nella comunità.

La musica non è l'unica medicina inusuale che dà ai suoi cani. Si serve anche di trattamenti di aromaterapia sugli animali per aiutarli a rilassarsi di più. L'aromaterapia si pratica riscaldando oli essenziali o sfregando l'olio sulla pelle. La Dott.ssa **praticava** questa terapia di rilassamento su se stessa da qualche tempo, quando improvvisamente pensò che lo stesso trattamento avrebbe funzionato anche sui suoi animali. Aveva ragione!

La Dott.ssa Fisher ha anche un assistente. Tina Gunther è una volontaria. Sta facendo il tirocinio per diventare veterinario. **Seguiva** la Dott.ssa Fisher nella pratica. Stava capendo come fosse lavorare come veterinario. Sostiene che la Dr.ssa Fisher sia una fonte d'ispirazione. Dice che è evidente che la Dott.ssa Fisher ama gli animali. Ritiene inoltre che la musica funzioni sugli animali.

L'assistente della Dott.ssa Fisher continua parlando del clima nel Regno Unito. Ha riferito che pioveva da diverse settimane e c'era anche molto vento. Le temperature erano scese ben sotto lo zero, il che ha effetti negativi sui cani. Il maltempo rende gli esseri umani depressi e rende tristi anche gli animali. Durante il periodo di maltempo **avevano fatto ascoltare** agli animali musica più del solito. Il risultato era stato sorprendente. I cani non abbaiavano più da matti e anche i gatti erano felici.

Una volta la signora Gunther provò ad accendere la radio ai cani per vedere cosa accadeva. Andava in onda il notiziario e c'era molto rumore, agli animali non piaceva sentire gli alti volumi. Agitavano i cani, così la signora Gunther riprese subito a riprodurre gli MP3 con la musica rilassante. Quando sentirono la musica, gli animali si calmarono.

La signora Gunther e suo marito **utilizzavano** questo metodo anche sui loro animali in casa da alcune settimane, quando iniziarono a notare il comportamento dei loro animali domestici. Gli animali reagirono bene. Ora, vanno anche a sedersi vicino agli altoparlanti, in attesa che i loro genitori umani facciano partire la musica.

Salvare il mondo in via di estinsione- Una Missione dell'uomo

Il Dr. Michael Fay e il suo team di ricercatori **avranno camminato** per un totale di 15 mesi, quando termineranno il loro lungo viaggio. Il Dr. Michael Fay è uno scienziato e ricercatore degli Stati Uniti. È in viaggio con un piccolo gruppo di scienziati da tutto il mondo. Finora hanno viaggiato per due mesi, il che significa che hanno ancora almeno altri 13 mesi di cammino e di vita in luoghi selvaggi. Sono un gruppo di persone in missione. Essi stanno documentando tutti gli animali selvatici nel bacino del Congo, nella foresta pluviale del Congo. Considerando che ci sono migliaia di specie differenti da registrare, non è affatto un lavoro facile.

Avranno vissuto immersi nella natura per un lungo periodo di tempo, quando la loro spedizione terminerà. Non è da tutti. Ma il dottor Fay afferma che il loro lungo viaggio ha uno scopo. Per molti anni ha parlato del mondo in via di estinsione.

L'idea di un mondo in via di estinsione potrebbe sembrare strana ma il Dr. Michael Fay lo spiega bene.

A causa degli esseri umani, le foreste pluviali del mondo continuano ad essere distrutte. Sebbene ciò stia accadendo poco a poco, le conseguenze delle nostre azioni sono molto evidenti. Le persone stanno tagliando gli alberi delle foreste pluviali e questo ha un effetto negativo sull'ambiente. Gli habitat naturali degli animali continuano ad essere distrutti. Gli animali stanno morendo. Gli alberi e le piante stanno scomparendo. La terra è inondata dalle acque. Ci sono tanti diversi problemi legati alla deforestazione.

Gli ambientalisti stanno provando ad invertire la situazione. Hanno fondato molte organizzazioni per cercare di aiutare a proteggere le foreste pluviali del mondo. La maggior parte di questi progetti coinvolge l'istruzione e l'insegnamento nelle scuole locali. Un'altra grande parte del progetto prevede di piantare nuovi alberi. Ma non siamo in grado di piantare alberi al ritmo con cui vengono abbattuti.

Gli esseri umani sono la causa principale del problema. Anche se non ci sono molte persone che vivono nel bacino del Congo rispetto ad altri villaggi, paesi e città dell'Africa, molti sono ancora i danni arrecati.

Gli ambientalisti come il dottor Fay stanno cercando di salvare le foreste. Hanno iniziato a registrare tutte le piante, gli alberi e gli animali. Fanno dei disegni e scrivono le descrizioni. Il loro scopo è dimostrare che stiamo lentamente uccidendo il mondo.

Quando questa ricerca finirà, Michael Fay e il suo team **avranno lavorato** su questo problema ambientale per anni. Infatti, entro marzo del prossimo anno **avranno studiato** gli effetti dell'attività umana per quasi dieci anni. Questo non è un problema nuovo; è all'ordine del giorno da lungo tempo. Tuttavia il Dr Fay sente che pochi progressi sono stati fatti. "Non stiamo facendo abbastanza. I governi non stanno facendo abbastanza. Prima che ce ne rendiamo conto, non avremo più foreste pluviali. Solo allora il mondo realizzerà ciò che stiamo facendo. Ma sarà troppo tardi. "

Il bacino del Congo ospita una delle più grandi foreste pluviali del mondo. Copre oltre 3,4 milioni di chilometri quadrati. Il bacino del Congo si trova vicino al deserto del Sahara, questo è il motivo per cui è così caldo ed umido. L'insieme di caldo, umido e bagnato proveniente dal deserto, i fiumi e i laghi lo rendono l'ambiente ideale affinchè prosperino le piante tropicali e gli animali selvatici. Presenta un quarto di tutte le piante e specie di alberi del mondo e la metà degli animali dell'Africa.

Quando ritorneranno, essi saranno stanchi perché **avranno vissuto** immersi nella natura per quasi un anno e mezzo. Non molti scienziati e ricercatori sarebbero capaci di fare altrettanto. Le condizioni sono difficili. Devono cacciare per procurarsi da mangiare. Non possono avere bagni adeguati. Ci sono molti animali pericolosi. E devono vivere in tende o dormire sotto le stelle. Ci vuole un gruppo forte e adatto di persone per fare questi sacrifici.

Saresti in grado di rinunciare ad un anno della tua vita per fare delle ricerche su qualcosa che ti appassiona?

ESPAÑOL

La reina Isabel II – La monarca reinante más duradera de Inglaterra

Todo el mundo conoce a la reina Isabel II. Es probablemente la cara más famosa de R.U. Es la querida reina de Inglaterra. Es famosa por ser parte de la familia real británica. También es famosa porque **ha estado reinando** Gran Bretaña durante 60 años, que es el periodo de tiempo más largo que cualquier monarca británico ha reinado.

En 1953, cuando solo tenía 25 años, la preciosa joven princesa se convirtió en reina de Inglaterra. Aunque ha tenido el título de reina durante varios años, **ha estado viviendo** en castillos en Inglaterra y Escocia durante más de esto.

El palacio más famoso se ubica en Londres. Su nombre es el Palacio de Buckingham. Este es el lugar donde puedes observar la famosa ceremonia del cambio de los guardias. Si visitas Londres, esta es una cosa que todo el mundo debe hacer. Los guardias reales tienen una larga historia, y **han estado marchando** en exhibición durante varios años. En los meses de verano, puedes observar el cambio de los guardias cada día, pero en los meses más fríos de invierno, la exhibición solo tiene lugar cada dos días.

Incluso aunque el Palacio de Buckingham es la casa real más famosa, esta no es la residencia oficial de la reina. Pasa la mayoría de su tiempo en el Castillo de Windsor, que se ubica en la ciudad de Windsor justo a las afueras de Londres. El Castillo de Windsor tiene una larga historia, y la familia real británica **ha estado viviendo** ahí durante casi 1000 años, lo que lo hace el castillo ocupado más antiguo del mundo. Si no estás seguro sobre si la reina está alojada allí en el momento en que lo visites o no, busca la bandera real ondeando desde el mástil del castillo. Cuando está ondeando, muestra que la reina está en el terreno. Así que si tienes suerte, puede que incluso captes un destello de ella desde la distancia.

Ha estado visitando el país durante muchos años. Visita a ciudadanos comunes y asiste a varios eventos especiales con otros miembros de la familia real. A pesar de que mucha gente en R.U. está en contra de la monarquía británica, la reina es aún muy popular.

Pero no es solo a la reina a quien quieren. La reina Isabel II tiene cuatro hijos, el príncipe Andrés, el príncipe Eduardo, el príncipe Carlos y la princesa Ana. Sus hijos también son famosos, pero probablemente no tan famosos como los hijos del príncipe Carlos y los nietos de la reina, el príncipe Guillermo y el príncipe Harry.

El príncipe Guillermo y el príncipe Harry son muy populares en todo el mundo entre las mujeres jóvenes. Hemos visto a estos jóvenes hombres crecer desde bebés hasta adultos. Desde que eran jóvenes adolescentes, fans mujeres **han estado siguiendo** a estos guapos rompecorazones. Hoy, el príncipe Guillermo está casado con Kate Middleton y tiene dos hijos, pero el príncipe Harry, que es un poco juerguista, está soltero.

Aunque famosos, Guillermo y Harry siempre han sido bastante tímidos y han evitado el ojo público cuando ha sido posible. En muchos aspectos, son muy parecidos a su madre, la princesa Diana. Murió trágicamente en un accidente de coche en París en 1996. desde entonces, el mundo **ha estado llorando** a la popular princesa que también era tímida como sus hijos. La princesa Diana era muy activa en organizaciones benéficas y recaudando dinero para varias buenas causas. Hoy, sus hijos **hacen** lo mismo. Cada año, hacen viajes a algunas de las zonas más pobres del mundo donde **ayudan** en las organizaciones benéficas favoritas de su madre.

El príncipe Guillermo es el segundo en la línea al trono después de su padre, el príncipe Carlos. Al principio se creía que el príncipe Carlos no quería ser rey de Inglaterra. Habían muchos rumores de que quería dejar a su joven hijo ser rey por él. Sin embargo, últimamente **ha estado participando en** más eventos reales. Muchas personas creen que esta es su forma de prepararse para su siguiente gran papel, el rey de Inglaterra.

La reina **ha estado reinando** durante muchos años y debido a que aún está en forma y saludable, es probable que continúe durante unos pocos años más. Otros reyes y reinas europeos más mayores **han cedido** su posición para dejar paso a que reyes y reinas más jóvenes reinen, pero no hay fin para la reina más querida de Inglaterra, la reina Isabel II.

Los perros aman Mozart

Bobbi **había estando viviendo** en un refugio animal durante 4 años hasta que consiguió ayuda. Bobbi es un pequeño perro border collie que ha estado sin casa durante algunos años. Vive con otros perros, todos ellos están buscando nuevos dueños. Los perros aman la atención humana. Necesitan el amor de una familia humana. A pesar de que la vida en un refugio animal no es mala, también puede ser muy estresante a veces, especialmente con tantos perros en una zona.

Bobbi y sus otros amigos caninos **habían estado pasando** tiempos duros. Estaban solos, y debido al pequeño espacio, los animales estaban infelices. Esto fue hasta que un veterinario y un psicólogo de mascotas decidieron ayudar. La doctora Pamela Fisher **había estado trabajando** en refugios animales por todo el país durante muchos años hasta que decidió que necesitaba ayudar más. Propuso la idea de poner música a los perros. **Había estado estudiando** los efectos de la música en los animales durante algún tiempo, y los resultados fueron increíbles. La música parecía tener un efecto positivo.

Relaja a los perros. Incluso funciona con los gatos. Y si tienes un perro que ladra mucho, la música ayudará. El perro no ladrará tanto.

Había estado trabajando en el proyecto durante cuatro años. Tras finalizar sus estudios, rápidamente empezó un proyecto de MP3 sin ánimo de lucro para rescatar animales. Pidió ayuda a músicos de todo el mundo. Obtuvo muchas respuestas, y como resultado fue capaz de recoger una gran cantidad de gatos y perros amigos de la música. Las acciones de los músicos probaron que la mayoría de la gente realmente quiere ayudar a los animales.

Otros **también habían estado ayudando** en el proyecto. Ahora tienen más de 30 horas de canciones y piezas clásicas. Hay una variedad de música, que incluye compositores clásicos tales como Beethoven, Chopin y Mozart. La colección incluso incluye algunas de las canciones infantiles favoritas tales como "Tres ratones ciegos". Otras piezas musicales incluyen música de violines, pianos y arpas que suenan como el océano. También hay algunos tipos de música que no figuran. La música rap y el heavy metal hace que los perros se enfaden y sean más agresivos.

La doctora Fisher está tan apasionada con su proyecto que ofrece la música a refugios animales gratis. Dijo que **había estado usando** esta música relajante en su propia clínica veterinaria durante bastantes años. Esto fue antes de que empezara a investigar los efectos de la música en los animales. Cuando descubrió que realmente funcionaba, quiso ayudar a otros animales en la comunidad.

La música no es es la única medicina extraña que les da a sus perros. También usa tratamientos de aromaterapia en animales para ayudarles a relajarse más. La aromaterapia funciona quemando aceites esenciales o frotando aceite en la piel. **Había estado practicando** este tipo de relajación sobre sí misma durante algún tiempo cuando de repente pensó que el mismo tratamiento también funcionaría en sus animales. ¡Tenía razón!

La doctora Fisher también ha tenido una ayudante. Tina Gunther es una voluntaria. Se está formando para ser veterinaria. **Había estado siguiendo** a la doctora Fisher en su clínica. Estaba aprendiendo sobre cómo era trabajar como veterinario. Asegura que la doctora Fisher es una inspiración. Dice que está claro que la doctora Fisher ama a los animales. También cree que la música funciona en los animales.

La ayudante de la doctora Fisher sigue explicando el clima en R.U. Dijo que **había estado lloviendo** durante algunas semanas y que también había habido mucho viento. Las temperaturas eran bien bajo cero, lo que afecta negativamente a los perros. El mal tiempo hace que los humanos se depriman, y también hace que los animales se entristezcan más. Durante este periodo de mal tiempo, **habían estado poniendo** la música a los animales más de lo normal. El resultado fue increíble. Los perros ya no ladraban como locos y los gatos también estaban felices.

Una vez la señorita Gunther intentó poner la radio a los perros para ver que sucedería. Las noticias empezaron y había muchos ruidos y gritos que a los animales no les gustaron. Alteró a los perros, así que la señorita Gunther inmediatamente puso los MP3 con la música relajante de nuevo. Cuando oyeron la música, los animales estuvieron bien.

La señorita Gunther y su marido **también habían estado usando** esto con sus propios animales en casa durante algunas semanas cuando comenzaron a darse cuenta del comportamiento de sus mascotas. Los animales reaccionaban bien. Ahora, incluso van y se sientan al lado de los altavoces, esperando a que sus padres humanos enciendan la música.

Salvar el nundo en desaparición – La misión de un hombre

El doctor Michael Fay y su equipo de investigadores **habrán estado andando** durante un total de 15 meses cuando terminen su largo viaje. El doctor Michael Fay es un científico e investigador de EE.UU. Está viajando con un pequeño grupo de científicos de todo el mundo. Hasta ahora, han estado viajando durante dos meses, lo que significa que aún les quedan al menos 13 meses más de andar y vivir en lo salvaje. Son un grupo de personas en una misión. Están documentando toda la vida salvaje en la cuenca del Congo, el bosque del Congo. Considerando que hay miles de especies diferentes que registrar, este no es trabajo fácil.

Habrán estado viviendo en lo salvaje durante un largo periodo de tiempo para cuando terminen su expedición. Esto no es algo que cualquier persona pueda hacer. Pero el doctor Fay dice que su largo viaje tiene un propósito. Durante muchos años, ha hablado sobre el "mundo en desaparición".

La idea de un mundo en desaparición puede parecerte extraña, pero el doctor Michael Fay la explica bien.

Por culpa de los humanos, los bosques del mundo están siendo destruidos. Aunque esto está ocurriendo poco a poco, las consecuencias de nuestras acciones son muy obvias. La gente está talando los árboles de los bosques, y esto tiene un efecto negativo en el medio ambiente. Los hábitats naturales de los animales están siendo destruidos. Los animales están muriendo. Árboles y plantas están desapareciendo. La tierra se está inundando. Hay demasiados problemas diferentes relacionados con la deforestación.

Los ecologistas han estado intentando revertir la situación. Han comenzado varias organizaciones para intentar ayudar a proteger los bosques del mundo. La mayoría de estos proyectos implican educación y enseñanza en escuelas locales. Otra gran parte del proyecto implica plantar árboles. Pero no podemos plantar suficientes árboles al ritmo que están siendo talados.

Los humanos son la principal causa del problema. A pesar de que no hay mucha gente viviendo en la cuenca del Congo en comparación con otras aldeas, pueblos y ciudades de África, aún se está haciendo mucho daño.

Conservacionistas como el doctor Fay están intentando salvar los bosques. Han estado registrando todas las plantas, árboles y animales. Están haciendo dibujos y escribiendo descripciones. Su objetivo es probar que estamos matando al mundo lentamente.

Para cuando esta investigación termine, Michael Fay y su equipo **habrán estado trabajando** en este problema medioambiental durante años. De hecho, para marzo del próximo año, **habrán estado investigando** los efectos de la actividad humana durante casi diez años. Este no es un problema nuevo; ha estado en las noticias durante mucho tiempo. Sin embargo, el doctor Fay siente como si se hubiese hecho poco progreso. "No estamos haciendo suficiente. Los gobiernos no están haciendo suficiente. Antes de que nos demos cuenta, no nos quedarán bosques. Aquí es cuando el mundo finalmente se dará cuenta de lo que hemos estado haciendo. Pero será demasiado tarde".

La cuenca del Congo es uno de los mayores bosques del mundo. Cubre más de 3,4 millones de kilómetros cuadrados. La cuenca del Congo se ubica junto al desierto del Sahara, que es por lo que es tan caliente y húmeda. La mezcla del calor, la humedad y las aguas del desierto, ríos y lagos conforman el entorno perfecto para que las plantas tropicales y los animales salvajes se desarrollen. Tiene un cuarto de las especies de plantas y árboles del mundo y la mitad de los animales de África.

Cuando vuelvan, estarán cansados porque **habrán estado viviendo** en lo salvaje durante casi un año y medio. No muchos científicos e investigadores harían esto. Las condiciones son difíciles. Deben cazar su propia comida. No pueden darse buenas duchas. Hay varios animales peligrosos. Y deben vivir en tiendas o dormir bajo las estrellas. Es necesario un grupo de personas fuerte y dedicado para hacer estos sacrificios.

¿Serías capaz de dar un año de tu vida para investigar algo que te apasione?

Libros recomendados:

Aprender italiano
Edición bilingüe
El cuento de Cleopatra
biLingOwl Books

Aprender italiano
Edición bilingüe
Las aventuras de Julio Cesar
biLingOwl Books

Aprender italiano
Edición bilingüe
Vercingetorix vs Cesar
biLingOwl Books

Made in the USA
Coppell, TX
27 January 2022

72488723R00039